„Words which emanate from the heart, enter the heart."

– Talmud

Love can grow slowly, from moment to moment, and also very suddenly, between a gaze and a smile. We find expression for the feeling of love in music, poetry, and art, but also in the small, daily gestures. Words of love often come closer to the heart in our own mother tongue than in a foreign language. This book is written help those who are "Kurdish in love" and want to flatter their lover in their language.

Content

*For the pronunciation of the alphabet, visit **www.serkeftin.com***

Love & Appreciation

I like you. – (To be diłim î.) تۆ به دڵمی

I am very fond of you.
(Keyfim zor pêt dêt) کەیفم زۆر پێت دێت

I appreciate you so much.
(To bo min zor azîz î.) تۆ بۆ من زۆر ئازیزی.

I've got a place in my heart.
(To le diłim day.) تۆ له دڵمدای

You're the best. – (To baştirîn î.) تۆ باشترینی

I have fallen in love with you.
(Diłim toy dewêt.) دڵم تۆی دەوێت.

I'm crazy about you.
(Bot şêt debim) بۆت شێت دەبم.

I'm in love (with you).
(Xoşewîstim î.) خۆشەویستمی.

I love you. – (Tom xoş dewêt.) تۆم خۆش دەوێت

I love you like crazy. – (Weku şêt xoşim
dewêy.) وەکو شێت خۆشم دەوێی.

I will love you forever.
(Tahetaye xoşim dewêy) .تاهەتايە خۆشم دەوێ

I love you with all my heart. – (Le qułay diłimewe xoşim dewêy.)
لە قۆڵاى دڵمەوە خۆشم دەوێ.

I love you like nothing else on earth.
(Xoşim dewêy le hemû şitêk ziyatir.)
خۆشم دەوێ لە هەموو شتێک زیاتر.

My heart beats for you.
(Diłim bot lê deda.) دڵم بۆت لێدەدا.

I'm grateful to have you. – (Bo hebûnit supasguzar im.)
بۆ هەبوونت سوپاسگوزارم

I'm so grateful to have found you.
(Zor supasguzarim ke tom bînî.)
زۆر سوپاسگوزارم کە تۆم بینی

You're the best thing that ever happened to me.
(To baştirîn şit bûy ke tûşim hatî.)
تۆ باشترین شت بووى کە تووشم هاتی

You are my everything.
(To hemû şitêkî min î.) تۆ هەموو شتێکى منى

I'm not complete without you.
(Bê to nakamim.) بێ تۆ ناکامم

4

Nicknames

My darling – (yarekem) یارەکەم

My love – (ewînekem) ئەوینەکەم

My beautiful – (ciwanikîlekem) جوانکیلەکەم

My sweety – (şîrînekem) شیرینەکەم

My lover – (diłdarekem) دڵدارەکەم

My angel – (frîşitekem) فریشتەکەم

Sweety! – (şîrîn) شیرین

My dear – (azîzekem) ئازیزەکەم

My everything – (hemû şitêkim) شتێکم مووهە

My sunshine – (hetawî min) من تاویەهە

I'm single. (Zewacim nekirduwe.) زەواجم نەکردووە

I have split up.
(Lêk ciya buwînewe.) لێک جیا بووینەوە

I'm divorced. – (Ciya buwînewe.) لێک جیا بووینەوە

I'm a widow. – (Bêwem.) بێوەم. (both gender)
widow: (bêwejin) بێوەژن,
widower: (bêwepiyaw) بێوەپیاو

We're together. (Ême pêkeweyin) ئێمە پێکەوەین

This is my boyfriend.
(Eme hawrêm e.) ئەمە هاورێمە

This is my girlfriend.
(Eme destxuşkim e.) ئەمە دەستخوشکمە

I'm married. – (Zewacim kirduwe) زەواجم کردووە

We're married.
(Zewacman kirduwe.) زەواجمان کردووە

This is my husband.
(Eme hawserim e.) ئەمە هاوسەرمە

This is my wife.
(Eme hawserim e.) ‫ئەمە هاوسەرمە‬

We are wife & husband.
(Ême jin û mêrd în.) ‫ئێمە ژن و مێردین‬

We are engaged.
(Destgîranî yektir în.) ‫دەستگیرانی یەکترین‬

Feelings

I trust you. – (Baweřim pête) ‫باوەڕم پێتە‬

I feel safe with you. – (Layi to hest dekem
eman im.) ‫لای تۆ هەست دەکەم ئەمانم‬

I feel very loved. – (Xom zor xoşewîst debînim)
‫خۆم زۆر خۆشەویست دەبینم‬

You make me feel so good. – (Layi to hest
dekem baş im.) ‫لای تۆ هەست دەکەم باشم‬

I like being with you best.
(Zortirîn keyfxoşim eweye ke lay tom.)
‫زۆرترین کەیفخۆشم ئەوەیە کە لای تۆم‬

I need you. – (Pêwîstim pête.) ‫پێویستم پێتە‬

7

I can't be without you.
(Bê to natiwanim hebim.) بێ تۆ ناتوانم ههبم

I can't live without you.
(Bê to natiwanim bijîm.) بێ تۆ ناتوانم بژیم

You make me so happy!
(To zor diłxoşim dekey.) تۆ زۆر دڵخۆشم دهکهی

You calm me down.
(To sersamim dekey.) تۆ سهرسامم دهکهی

I think about you every day. – (Zorîneyi roj bîr
le to dekemewe.) زۆرینهی رۆژ بیر له تۆ دهکهمهوه

I think about you all the time. – (Hemû car bîr
le to dekemewe.) ههموو جار بیر له تۆ دهکهمهوه

You give me strength.
(To hêzim dedeytê) تۆ هێزم دهدهیتێ

You give me courage.
(To wirem dedeytê.) تۆ ورهم دهدهیتێ

You give me hope.
(To hîwam dedeytê.) تۆ هیوام دهدهیتێ

You give me such a good feeling. – (To hestêkî
xoşim dedeytê.) تۆ ههستێکی خۆشم دهدهیتێ

It feels so good to be in your arms. – (Le
baweşit da zor asudem.) له باوهشتدا زۆر ئاسودهم

8

I love kissing you. – (Maçî tom zor pê xoşe.)

ماچی تۆم زۆر پێ خۆشه

I need a hug.

(Pêwîstdarî amêzêkim) پێویستداری ئامێزێکم

I look forward to our future.

(Be diłxoşiyewe le çaweřwanî ayindeman im.)

به دڵخۆشیهوه له چاوهروانی ئایندهمانم

Happiness & Excitement

I'm very happy. – (Zor diłxoş im.) زۆر دڵ خۆشم

Great! – (Zor baş e!) زۆر باشه!

Super! – (Nayab e!) نایابه!

Lovely! – (Ciwan e!) جوانه!

Cute! – (Şîrîn e!) شیرینه!

Alright! – (Tewaw e!) تهواوه!

That's so pretty!

(Eme çend ciwan e!) ئهمه چهند جوانه!

That was great!

(Ewe zor baş bû!) ئهوه زۆر باش بوو!

Interesting! – (Serincrakêş e!) سهرنجراکێشه!

Outstanding! – (Nawaze ye!) ناوازهیه!

9

...at a distance

I always get nervous before I see you.
(Hemû carêk kelecan debim, pêş ewey bitbînim.)
هەموو جارێک کەلەجان دەبم، پێش ئەوەی بتبینم

I'm looking forward to see you.
(Le çaweřwanît dam.) لە چاوەڕوانیتدام

> » *Welcome!* – (Bexêr bêy!) بەخێر بێی!
> » *See you/Goodbye!* – (Maława!) مالئاوا!

I'm happy to see you.
(Be bînînit diłşad bûm.) بە بینینت دڵشاد بووم

I need to see you.
(Pêwîst e bitbînim.) پێویستە بتبینم

I miss you (so much).
(Zorit bîr dekem.) زۆرت بیر دەکەم

I miss our talks. – (Bîrî guftugoyekanman
dekem.) بیری گوفتوگۆیەکانمان دەکەم

I miss your smile. – (Bîrî pêkenînekanit dekem.)
بیری پێکەنینەکانت دەکەم

I am longing for you.
(Be ḥesretî towem.) بە حەسرەتی تۆوەم

I don't want to see you off (again). – (Namewêt
(dîsan) maławayî bikem) نامەوێت دیسان مالئاوایی بکەم

I don't want to say goodbye (again).
(Namewêt (dîsan) biłêmewe maława.)
نامەوێت دیسان بلێمەوە مالئاوا

Don't let go of me!
(Wazim lê mehêne!) وازم لێمەهێنە

(Please) don't go. – (Tikaye meřo!) تکایه مەرۆ

Come back soon! – (Zû werewe!) زوو وەرەوە

We'll see each other again soon.
(Le katêkî nêzîk da yek debînînewe.)
لە کاتێکی نێزیکدا یەک دەبینینەوە

Take care of yourself!
(Hoşiyarî xot be!) هۆشیاری خۆت به
or: (Agadarî xot be!) ئاگاداری خۆت به

Upset/Shock

I'm very sad. – (Zor xembar im) زۆر خەمبارم

That hurt me. – (Zor azarî dam) زۆر ئازاری دام

11

You've hurt me (very) much.

زۆرت ئازار دام (Zorit azar dam)

What a shame! – (Çî ḧeyf e!) چى حەيفه

I'm so sorry!

زۆر ئازارم پێ کێشا (Zor azarim pêy kêşa)

Excuse me! – (Bibexşe!) ببەخشه

Forgive me! – (Bimbûre!) بمبووره

» *I forgive you. –* (Detbûrim) دەتبوورم

» *It's alright. –* (Başe kêşe nîye) باشه کێشه نيه

» *I don't forgive you. –* (Natbûrim) ناتبوورم

Oh dear! – (O azîz!) ئۆ ئازيز

Oh my god! – (Ey xuda!) ئەی خودا

How awful! – (Çî naxoş e!) چى ناخۆشه

That's (so) bad.

ئەمه زۆر باش نيه (Eme *(zor)* baş nîye)

My sincere condolences!

سەری خۆش بێت (Serî xoş bêt!)

Anger

I'm really mad. – (Zor tuřem) زۆر تورەم

    or: (Zor turre bûm) زۆر تورە بووم

That irritates/bothers me (much).
(Eme *(zor)* tuřem dekat) ئەمە زۆر تورەم دەکات

That's bollocks! – (Çi şitêkî pûçe!) چ شتێکی پوچە

Damn! – (Nefretî lê bêt!) نەفرەتی لێ بێت!

You drive me nuts!
(To şêtim dekey!) تۆ شێتم دەکەی!

That's so rude!
(Eme bê şermiye!) ئەمە بێ شەرمییە

How could you do that? – (Çon diłit hat eme bikey?) چۆن دڵت هات ئەمە بکەی؟

Why are you doing that?
(To bo wa dekey?) تۆ بۆ وا دەکەی؟

This can't be happening!
(Eme qebuł nakrê!) ئەمە قەبوڵ ناکرێ!

Shame on you! – (Şerme bo to!) شەرمە بۆ تۆ!

13

Questions

...at the beginning

Would you like to meet with me sometime?
(Hez dekey yektir bibînîn?)
حەز دەکەی یەکتر ببینین؟

Can I have your number? – **(Detwanî jimarey
telefontim bideytê?)**
دەتوانی ژمارەی تەلەفۆنتم بدەیتێ؟
» *My number is ...*
  (Jimareyî min.......e) ژمارەی من.........ە
» *I'll write you.* – **(Bot denûsim)** بۆت دەنووسم

Will you call me?
(Telefonim bo dekey?) تەلەفۆنم بۆ دەکەی؟

Do you want to see me again? **(Hez dekey
bimbînîtewe?)** حەز دەکەی بمبینیتەوە؟

Are you taken?
(Aya to destgîrandar î?) ئایا تۆ دەستگیراندارى؟

Do you have a boyfriend?
(Hawrêt heye?) هاورێت هەیە؟
Do you have a girlfriend?
(Kepiłit heye?) کەپڵت هەیە؟

Are you free tonight?
(Em şew katit heye?) ئەم شەو کاتت هەیە؟

Do you have time tomorrow?
(Sibey katit heye?) سبەی کاتت هەیە؟

Are you free tomorrow?
(Sibey karit nîye?) سبەی کارت نیه؟

When do you have time?
(Key katit heye?) کەی کاتت هەیە؟

Do you have any plans this weekend?
(Bo kotayî hefte planit heye?)
بۆ کۆتایی هەفتە پلانت هەیە؟

Do you want to go out to eat with me?
(Detewêt pêkewe xwardinêk bixoyn?)
دەتەوێت پێکەوە خواردنێک بخۆین؟

Will you go to the movies with me?
(Detewêt pêkewe biçîne sînema?)
دەتەوێت پێکەوە بچینە سینەما؟

Shall we go for a walk?
(Pêkewe piyaseyek bikeyn?)
پێکەوە پیاسەیەک بکەین؟

Can I hold your hand?
(Detwanim destit bigirim?) دەتوانم دەستت بگرم؟

Would you like to come to my place?
(Ḧez dekey legełim bêytewe mał?)

حەز دەکەی لەگەڵم بێیتەوە ماڵ؟

Will you visit me?
(Serdanim dekey?) سەردانم دەکەی؟

...when things are getting serious

Do you want to spend the weekend with me?
(Ḧez dekey kotayî hefte legeł min beser bibey?)

حەز دکەی کۆتایی هەفتە لەگەڵ من بەسەر ببەی؟

When will we see each other?
(Key yektir bibînîn?) کەی یەکتر ببینین؟

Are you coming back soon?
(Aye to dîytewe?) ئایا تۆ دییتەوە؟

Will you stay with me?
(Aye to lam demînîtewe?) ئایا تۆ لام دەمینیتەوە؟

Are you thinking of me?
(Aye dêmewe yadit?) ئایا دێمەوە یادت؟

Do you miss me?
(Aye to yadim dekey?) ئایا تۆ یادم دەکەی؟

Do you like me? (Keyfit pêm dê?) کەیفت پێم دێ؟

Would you give me a hug?
(Le amîzim degirît?) لە ئامیزم دەگریت؟

Can I kiss you?
(Detwanim maçit bikem?) دەتوانم ماچت بکەم؟

Will you give me a kiss?
(Maçêkim dedeytê?) ماچێکم دەدەیتێ؟

Can I trust you? – (Detwanim baweřit pê
bikem?) دەتوانم باوەڕت پێ بکەم؟

Are you sleeping (here) with me?
(Lam dexewî?) لام دەخەوی؟

Are you in love?
(Aye to diłxwazî?) ئایا تۆ دڵخوازی؟

Are you in love with me?
(Aye to diłxwazî minî?) ئایا تۆ دڵخوازی منی؟

Do you love me?
(To minit xoş dewê?) تۆ منت خۆش دەوی؟

What do you like about me?
(Çi şitêkî minit pê xoşe?) چ شتێکی منت پێ خۆشە؟

Why do you love me?
(Bo çî minit xoş dewê?) بۆ چی منت خۆش دەوێ؟

Do you want to be with me?
(Detewêt legeł min bî?) دەتەوێت لەگەڵ من بی؟

Would you like to meet my family? (Detewêt
xanewadem binasî?) دەتەوێت خانەوادەم بناسی؟

Would you like to move in with me?
(Detewêt pêkewe xanûyek bigirîn?)
دەتەوێت پێکەوە خانوویەک بگرین؟

Will you marry me? – (Detewêt pêkewe zewac
bikeyn?) دەتەوێت پێکەوە زەواج بکەین؟

Do you want children (too)?
(Toş mindałit ḧez lêye?) تۆش منداڵت حەز لێیه؟
» *How many children?*
(Ḧezit le çend mindał e?) حەزت له چەند منداڵه؟

18

Wishes & Desires

I want to get to know you better. – (Ḧez dekem
başitir bitinasim.) حهز دهکهم باشتر بتناسم

I want to see you again. – (Ḧez dekem dîsan
bitbînimewe.) حهز دهکهم دیسان بتبینمهوه

I (just) want to be with you. (Demewêt *(tenha)*
lay to bim.) دهمهویت تهنها لای تۆ بم.

I want to stay with you. – (Demewêt lat
bimênimewe.) دهمهویت لات بمینمهوه

I want to be with you every day.
(Demewêt hemû rojêk legeł to bim.)
دهمهویت ههموو رۆژیک لهگهڵ تۆ بم.

I want to be with you forever.
(Demewêt tahetaye legeł to bim.)
دهمهویت تاههتایه لهگهڵ تۆ بم.

I wish I had more time with you.
(Xozge legeł yek ziyatir katman hebuwaye.)
خۆزگه لهگهڵ یهک زیاتر کاتمان ههبووایه.

I want to kiss you.
(Demewêt maçit bikem.) دهمهویت ماچت بکهم.

19

I don't ever want to have to see you off again.
(Îtir namewêt hîçîke lêt dûr bim.)

ئیتر نامەوێت هیچیکە لێت دوور بم

I never want to let you go.
(Îtir namewêt biřoyt.) ئیتر نامەوێت بڕۆیت

I wish you'd stay with me.
(Xozge lam demaytewe.) خۆزگە لام دەمایتەوە.

I want to live with you.
(Demewêt legełit da bijîm.) دەمەوێت لەگەڵتدا بژیم.

I want to have children with you. – (Demewêt
mindałman hebêt.) دەمەوێت منداڵمان هەبێت.

I want a family with you. – (Demewêt legeł
toda xanewadeyekman hebêt.)
دەمەوێت لەگەڵ تۆدا خانەوادەیەکمان هەبێت.

I want to spend my life with you.
(Demewêt jiyanim legeł to da beser bibem.)
دەمەوێت ژیانم لەگەڵ تۆدا بەسەر ببەم.

I want to grow old with you. – (Demewêt legeł
to da pîr bibim.) دەمەوێت لەگەڵ تۆدا پیر ببم.

I want a future with you. – (Diwarojêkim legeł
to da dewêt.) دوارۆژێکم لەگەڵ تۆدا دەوێت.

Compliments

Personality & Skills

You're a wonderful man/woman.
(To jinêk/piyawêkî nawaze yî.)
تۆ ژنێک/پیاوێکی ناوازەیی.

You're very sympathetic.
(To zor xwêngerm î.) تۆ زۆر خوێنگەرمی

You're so nice. – **(To zor kîbar î.)** تۆ زۆر کیباری

You're cute/sweet. – **(To şîrîn î.)** تۆ شیرینی

You're perfect. – **(To bê kemas î.)** تۆ بێ کەماسی

You're interesting (to me).
(To (bom) serincrakîş î.) تۆ (بۆم) سەرنجراکیشی.

You're funny. – **(To galtebaz î.)** تۆ گاڵتەبازی.

You often make me laugh. – **(To zor car be**
pêkenînim dehînî.) تۆ زۆر جار بە پێکەنینم دەهینی.

You're very disciplined.
(To zor be dîsplîn î.) تۆ زۆر بە دیسپلینی

You're so smart. – (To zor zîrek î.) ‫تۆ زۆر زیرەكی.‬

You have talent. – (To lêhatuwî) ‫تۆ لێهاتووی‬

You're good at telling stories.
(To xoşgo yî.) ‫تۆ خۆشگۆیی‬

I love talking to you. – (Keyfim zor be guftugot
dêt.) ‫كەیفم زۆر بە گوفتوگۆت دێت.‬

You're curious, I like that.
(To dexwazît, eweş keyfxoşim dekat.)
‫تۆ دەخوازیت، ئەوەش كەیفخۆشم دەكات.‬

You're honest, I like that. – (To rast î, eweş
keyfxoşim dekat) ‫تۆ راستی، ئەوەش كەیفخۆشم دەكات‬

You can sing/dance very well.
(To zor ciwan goranî dełêy/sema dekey.)
‫تۆ زۆر جوان گۆرانی دەڵێی/ سەما دەكەی.‬

You cook so deliciously. – (To zor ciwan
xwardin lêdenêy) ‫تۆ زۆر جوان خواردن لێدەنێی‬

I like how you kiss me. – (Keyfim be maçekanit
dêt.) ‫دێت كانتماچە بە یفمكە‬

I like the way you hug me. – (Keyfim be
amêzekanit dêt.) ‫كەیفم بە ئامێزەكانت دێت.‬

I like your attitudes/views. – (Keyfim be bîrkirdinewet dêt.) کەیفم بە بیرکردنەوەت دێت.

Looks

You are (very) beautiful/pretty/interesting.
(To zor ciwan/serincrakêşî.)
تۆ زۆر جوان/ سەرنجراکێشی.

You look great.
(To zor ciwan diyarî.) تۆ زۆر جوان دیاری.

You look wonderful.
(To poşite diyarî.) تۆ پۆشتە دیاری.

I like your eyes/hair/nose/legs.
(Keyfim be çaw/pirç/lut/pêyekanit dêt.)
کەیفم بە چاو/پرچ/لوت/ پێیەکانت دێت

You have beautiful eyes/lips/hair.
(Çaw/lêw/pirçit zor ciwan in.)
چاو/ لیو/ پرچت زۆر جوانن.

Your eyes are incredible.
(Çawekanit nawazen.) چاوەکانت ناوازەن.

Your smile is so beautiful. – (Xendekanit zor ciwan in.) خەندەکانت زۆر جوانن.

I love your face. – (Keyfim be rûxsarit dêt.)

کەیفم بە رووخسارت دێت.

Your hands/lips are so soft.
(Destekanit/lêwekanit çend nerm in.)

دەستەکانت/ لیوەکانت چەند نەرمن.

That suits you (very) well.
(Emet *(zor)* lê ciwane) ئەمەت (زۆر) لێ جوانە

Your body is so beautiful.
(Leşit zor ciwan e.) لەشت زۆر جوانە

Your skin is so soft.
(Pêsitit zor nerm e.) پێستت زۆر نەرمە.

I love your voice.
(Keyfim be dengit dêt.) کەیفم بە دەنگت دێت.

I like hearing your voice very much. – (Keyfim
zor be dengit dêt.) کەیفم زۆر بە دەنگت دێت.

Gratitude

Thank you (so much)! – (Zor supas!) سوپاس زۆر

» *You're welcome!* – (Şayanî nîye!) شايەنى نيه.

Thanks for your visit.
(Supas bo serdanît.) سوپاس بۆ سەردانيت.

Thank you for listening to me.
(Supas bo giwê girtinit.) سوپاس بۆ گوێ گرتنت

I'm so glad I found you. – (Zor xoşĥaɫim ke
tom bînî.) زۆر خۆشحاڵم كه تۆم بينى

I'm so glad I married you.
(Zor diɫxoşim ke legeɫ toda zewacim kird.)
زۆر دڵخۆشم كه لەگەڵ تۆدا زەواجم كرد.

That's very nice of you.
to woman: (To jinaney.) تۆ ژنانەى
to man: (To piyawaney.) تۆ پياوانەى.

Kurdish Love

In Kurdish culture there are special ways to express love. The wedding tradition has many special features as well. In this section we list some customs, nicknames and phrases that are special or do not occur in English language & culture.

♥ *Love apple* – Sêwî mêxekrêj

As a gesture of affection, a Kurdish man can make a „*love apple*" for his woman. This is done by covering an apple entirely with cloves.

Wedding Tradition

The Kurdish wedding celebration knows different parts carried out on different days. The particular festivities can vary per Kurdish region.

Asking for the woman's hand – Xwazbênî

When a man and a woman wish to marry, the man and his family visits the woman at her family home. The family of the prospective groom brings desserts, flowers and gold jewellery to the occasion. The woman receives a pre-engagement ring from an older member of the man's family.

Engagement – Nîşanî

The engagement is celebrated with family and friends at a location away from home. Compared to the actual wedding, the celebration is done with few guests. For the engagement, the man's father usually puts a ring on the couple. All kinds of sweets are served and there is a lot of dancing.

Henna Evening (hand painting) – **Xenebendan**

The henna evening usually takes place the day before the wedding and is celebrated among the bride-to-be's female relatives and friends. The couple wear Kurdish traditional costumes, the woman being in a red dress and a veil.

At the beginning of the ceremony the couple sits together in the middle of the room. The guests dance around the couple with candles on their palms, singing.

A happily married woman stirs the henna mixture and applies it to the palm of the prospective bride's hand - this is seen as a lucky charm. The mother-in-law of the bride-to-be gives her gold jewellery to open her hands for the henna. The couple also dance for each other.

Wedding – **Zemawend**

The bride is traditionally picked up from home with drum and flute music. Afterwards the bridal couple goes to the wedding hall and is welcomed by the guests.

A Kurdish wedding day usually follows the sequence of: couples dance, traditional dances, food, dancing, cutting cake, further dancing, gift ceremony, more dancing and farewell.
Many guests including the most distant relatives come to the wedding. The bride wears white as usual, and the groom wears a suit. Often a piece of jewellery or clothing in red-yellow-green is also worn.

Nicknames

While in English we use animal and food names and diminutives as nicknames, the Kurds tend to use names of vital organs and flowers.

My heart – (diłekem) دڵەکەم
My soul – (giyanekem) گیانەکەم
My liver – (cigerekem) جگەرەکەم

My rose – (gułekem) گوڵەکەم
My narcissus – (nêrgizekem) نێرگزەکەم

My gazelle – (askekem) ئاسکەکەم

Light of my eyes
(roşnayî çawekanim) ڕۆشنایی چاوەکانم

My existence – (hebûnekem) هەبوونەکەم

My patience – (aramîm) ئارامیم

My hearts' rest – (aramî diłekem) ئارامی دڵەکەم

Patience/rest of my house
(aramî małekem) ئارامی ماڵەکەم

   » As the house (the family) is very important

Expressions of affection, love & heartache

You're the jewelry/embellishment of my house.
(To nexşî małekem î.) تۆ نەخشی مالەکەمی

I admire your eyes.
(Qurbanî çawekanitim.) قوربانی چاوەکانتم.

My body misses you.
(Leşim bîrit dekat.) لەشم بیرت دەکات.

You're the sugar in my tea.
(To şekrî çayekem î.) تۆ شەکری چایەکەمی.

You're the rose, I'm the nightingale.
(To gułî, min bulbulit im.) تۆ گولی، من بولبولتم.

May god save you for me.
(Xuda bo minit bihêłêt.) خودا بۆ منت بهیلیت.

I need your scent.
(Pêwîstim be bonite.) پیویستم بە بۆنتە.

Me yours, you mine.
(Min hî tom, to hî min î.) من هی تۆم، تۆ هی منی.

Lay your hand in my hand! – (Destit bike naw destim.) دەستت بکە ناو دەستم.

Problem of my head – (Bełay serim) بەڵای سەرم

» Said (usually) in a joking manner

Your love has made me melt. – (Ewînit minî tiwandewe.) ئەوینت منی تواندەوە

» Said when e.g. one's love is not being answered.

You should not look at anyone else but me! (Cige le min seyrî kesîtir meke.) جگە لە من سەیری کەسیتر مەکە.

» Said in a loving manner to one's partner, but with a touch of jealousy in the background.

Quotes about Love

Wound of my heart – (birînî diłim) بريني دڵم

» Said in a melancholic manner, perhaps after a rough time or an argument, or in recognition of the fact that love can mean pain at times.

My heart burns for you (I'm sorry for you). – (Diłim pêt desutê.) دڵم پێت دەسوتێ.

» To express sympathy when a partner experienced something bad.

„*Words which emanate from the heart, enter the heart.*" – Talmud

(Ew wişaney le diłewe dên, deçine diłîtirîşewe.)

„ئەو وشانەی لە دڵەوه دێن، دەچنه دڵێتریشەوه"

„*I love her, and that's the beginning and end of everything.*" – F. Scott Fitzgerald

(Ewim xoş dewê, ew sereta û kotay hemû şitêke)

„ئەوم خۆش دەوێ، ئەو سەرەتا و کۆتای هەموو شتێکه"

„Matters of the heart weigh 10 times more than burden on the shoulders. " – Kurdish quote

(Derdî diłêk le de kołber girantir e.)

„دەردی دڵێک لە دە کۆڵبار گرانترە "

„Love recognizes no barriers. " – Maya Angelou

(Ewîn sinur nanasêt.) „ئەوین سنور ناناسێت "

„Love is composed of a single soul inhabiting two bodies. " – Aristotle

(Ewîn le ruħêk ke xawenî dû laşe, pêk dêt)

„ئەوین لە روحێک کە خاوەنی دوو لاشە، پێک دێت "

„We are most alive when we're in love. "

– John Updike

(Zîndûtirîn deman ew demeye ke diłxwazîn.)

„زیندووترین دەممان ئەو دەمەیە کە دلخوازین "

„Love is friendship that has caught fire. "

– Ann Landers

(Ewînî hawřêyetî be agir e.)

„ئەوینی هاورێیەتی بە ئاگرە "

„ If you find someone you love in your life, then hang on to that love. “ — Princess Diana
(Eger lem jiyane da wêllî bo eweyi ewînî kesêk bidozîtewe, ewa wazî lê mehêne) „ ئەگەر لەم ژیانەدا وێڵی بۆ ئەوەی ئەوینی کەسێک بدۆزیتەوە، ئەوا وازی لێ مەهێنه"

„ You don't marry someone you can live with, you marry someone you cannot live without. “ — unknown
(Bew kese na ke detiwanî legełî bijî, bellku bew keseyi ke natiwanî bê ew bijî zewac bike.) „ بەو کەسه ناکه دەتوانی لەگەڵی بژی، بەڵکو بەو کەسەی که ناتوانی بێ ئەو بژی زەواج بکه "

„ True love stories never have endings. “ — Richard Bach
(Ewînî rasteqîne hergîz kotayî naye) „ئەوینی راستەقینه هەرگیز کۆتایی نایه"

„ Love is an endless act of forgivenes. “ — Beyoncé (Ewîn karî bê kotay bexşîne.) „ئەوین کاری بێ کۆتای بەخشینه"

„ The smile is the beginning of love. "

— Mother Teresa

(Xende destpêkî ewîne.) „ خەندە دەستپێکی ئەوینە"

„ When you love someone, you love the person as they are, and not as you'd like them to be. "

—Leo Tolstoy

(Kesîkit xoş dewêt çunke ew weku xoyatî, ne wek ewey to detewê bibêt.)

„ کەسیکت خۆش دەوێت چونکە ئەو وەکو خۆیاتی، نە
وەک ئەوەی تۆ دەتەوێ ببێت"

„ You are my sun, my moon, and all my stars. "

— E. E. Cummings

(To rojî min, mahî min û hemû estêrekanî min â.)

„تۆ رۆژی من، ماهی من و هەموو ئەستیرەکانی منی"

„ Happiness is love, nothing else. One who can love, is happy. " — Hermann Hesse

(Dilşadî ewîn e, newek şitêkîtir, kê bitiwanêt ewîndar bêt, dilşad e.) „ دڵشادی ئەوینە، نەوەک
شتێکیتر، کێ بتوانێت ئەویندار بێت، دڵشاده"

Vocabulary

goodbye (**maławayî**)
مالئاوایی
(girl/boy)friend (**hawřê**)
هاوڕێ
(to) burn (**sutan**) سوتان
(to) do (**saz kirdin**) ساز
کردن
(to) eat (**xwardin**)
خواردن
(to) fall in love
(**diłixwazî**) دڵخوازی
(to) feel (**hest kirdin**)
ھەست کردن
(to) forgive (**bexşîn**)
بەخشین
(to) hurt (**azar dan**) ئازار
دان
(to) kiss (**maç kirdin**)
ماچ کردن
(to) know (**nasîn**) ناسین
(to) look at (**boçûn**)
بۆچوون
(to) look forward
(**çaweřwanî**)
چاوەڕوانی

(to) love (**xoşewîstî**)
خۆشەویستی
(to) marry (**zewac
kirdin**) زەواج کردن
(to) meet
(**yektir dîtin**) یەکتر دیتن
(to) miss
(**yad kirdin**) یاد کردن
(to) see (**bînîn**) بینین
(to) talk (**qise kirdin**)
قسه کردن
(to) thank (**supas kirdin**)
سوپاس کردن
(to) trust (**biřwa kirdin**)
بروا کردن
(to) visit (**serdan kirdin**)
سەردان کردن
(to) want (**wîstin**) ویستن
(to) write (**nûsîn**) نووسین
act (**kar**) کار
Alright! (**Baş e!**) باشه!
anger (**tuře**) تورە
angry (**tuřeyî**) تورەیی

asking for the woman's hand (xwazbênî) خوازبێنی

bad (bed) بەد

beautiful (ciwan) جوان

beginning (destpêk) دەستپێک

body (leş) لەش

child (sutan) منداڵ

complete (mindał) گشتی

concern (bella, derd) بەڵا، دەرد

conversation (wêjar) وێژار

courage (zax) زاخ

crazy/mad (şêt, dêwane) شێت، دێوانه

cute/sweet (neşmîl) نەشمیل

day (roj) رۆژ

dear (azîz) ئازیز

delicious (xoş) خۆش

eating (xwardin) خواردن

end (kotayî) کۆتایی

engaged (destgîran) دەستگیران

engagement (nîşanî) نیشانی

evening (êware) ئێواره

everything (hemû şit) هەموو شت

excitement (kelecan) کەلەجان

existence (hebûn) هەبوون

family (xêzan) خێزان

face (rûxisar) رووخسار

feeling (hest) هەست

food (xwardin) خواردن

forever (ebedî, tahetayî) ئەبەدی، تاهەتایی

forgiveness (bexşîn) بەخشین

funny (galltebaz) گاڵتەباز

gentleman (piyawane) پیاوانه

God (xuda) خودا

good (baş) باش

Goodbye! (Maława!) ماڵئاوا!

grateful (supasguzar)
سوپاسگوزار

great (zor baş) باش زۆر

hair (pirç) پرچ

hand (dest) دەست

happiness (asudeyî)
ئاسودەیی

happy/glad (asude)
ئاسوده

heart (dił) دڵ

henna evening
(xenebendan)
خەنەبەندان

hope (hîwa) هیوا

house (mał, xanû)
مالّ، خانوو

how (çon) چۆن

husband (hawser)
هاوسەر

intelligent (zîrek) زیرەک

jewelry (wazawe) وازاوه

lady of the house
(kabanî) کابانی

language (ziman) زمان

laughing (pêkenîn)
پێکەنین

like (as) (lêw) وەک

lip (lêw) لێو

love (xoşewîstî)
خۆشەویستی

love apple (sêwî
mêxekrêj) سێوی
کرێژمێخه

mad/angry (tuřeyî)
تورەیی

man (piyaw) پیاو

married (zewacî kird)
زەواجی کرد

moon (mah) ماه

more (ziyatir) زیاتر

name (naw) ناو

night (şew) شەو

nose (lut) لوت

number (nimire) نمره

Okay! (Baş e!) باشه!

only (tenha) تەنها

owner (xawen) خاوەن

patience (aramî) ئارامی

perfect (tîrûpiř) تیروپر

person (kes) کەس

pretty (narîn) نارین

sad (xemgîn) خەمگین

sexy (sêksî, merzî)
سێكسی، مەرزی

shame (şerm) شەرم

single زوگورت

skin (pêst, çerm)
پێست، چەرم

smile (xende) خەندە

soft (nerm) نەرم

soul (giyan) گیان

star (estêre) ئەستێرە

strenght (hêz) هێز

stunning (piřbepêst)
پڕبەپێست

sugar (şekir) شەكر

sun (roj) خۆر

sweet (şîrîn, delal)
شیرین، دەلال

talented (lêhatû) لێهاتوو

tender (nask) ناسك

thanks (supas) سوپاس

thing (şit) شت

time (kat) كات

today (emrro) ئەمڕۆ

together (pêkewe)
پێكەوە

tomorrow (sibey) سبەی

trust (bawerrî) باوەڕی

very/a lot (zor) زۆر

visit (serdanî) سەردانی

voice (deng) دەنگ

wedding (zemawend)
زەماوەند

weekend (kotayî
hefte)كۆتایی هەفتە

Welcome (bexêr
bîy!)بەخێر بیی!

when (katêk) كاتێك

widowed (bêwe) بێوە

wife (hawser) هاوسەر

wish (xwast) خواست

with (be) بە

without (bê) بێ

woman (jin) ژن

wonderful (nawaze)
ناوازە

wound (brîn) برین

you (to) تۆ

Printed in Great Britain
by Amazon

40114267R00030